Why I Hate People

And Love My dog

This Journal is dedicated to you, the parent of a lucky puppy dog, who will ever be so grateful and give you unconditional love.

No matter what kind of day you're having, and who pisses you off, being greeted with puppy kisses and a wiggly butt will be a reminder of why people suck and dogs rule.....

Date: _____

Who pissed me off today:

_____
_____
_____
_____
_____
_____
_____
_____
_____

Why I love my Dog:

_____
_____
_____
_____
_____
_____
_____
_____
_____
_____

Date: ———————————

Who pissed me off today:

———————————————————————
———————————————————————
———————————————————————
———————————————————————
———————————————————————
———————————————————————
———————————————————————
———————————————————————
———————————————————————
———————————————————————

Why I love my Dog:

———————————————————————
———————————————————————
———————————————————————
———————————————————————
———————————————————————
———————————————————————
———————————————————————
———————————————————————
———————————————————————
———————————————————————
———————————————————————
———————————————————————

Date: ————————

Who pissed me off today:

_____
_____
_____
_____
_____
_____
_____
_____
_____
_____

Why I love my Dog:

_____
_____
_____
_____
_____
_____
_____
_____
_____
_____
_____

Date: _____

Who pissed me off today:

_____
_____
_____
_____
_____
_____
_____
_____
_____
_____

Why I love my Dog:

_____
_____
_____
_____
_____
_____
_____
_____
_____
_____
_____
_____

Date: —————————

Who pissed me off today:

—————————————————————
—————————————————————
—————————————————————
—————————————————————
—————————————————————
—————————————————————
—————————————————————
—————————————————————
—————————————————————
—————————————————————

Why I love my Dog:

—————————————————————
—————————————————————
—————————————————————
—————————————————————
—————————————————————
—————————————————————
—————————————————————
—————————————————————
—————————————————————
—————————————————————
—————————————————————
—————————————————————

Date:—————————

Who pissed me off today:

—————————————————————
—————————————————————
—————————————————————
—————————————————————
—————————————————————
—————————————————————
—————————————————————
—————————————————————
—————————————————————
—————————————————————
—————————————————————

Why I love my Dog:

—————————————————————
—————————————————————
—————————————————————
—————————————————————
—————————————————————
—————————————————————
—————————————————————
—————————————————————
—————————————————————
—————————————————————
—————————————————————

Date:—————————

Who pissed me off today:

_____
_____
_____
_____
_____
_____
_____
_____
_____
_____

Why I love my Dog:

_____
_____
_____
_____
_____
_____
_____
_____
_____
_____
_____

Date: ————————

Who pissed me off today:

————————————————————
————————————————————
————————————————————
————————————————————
————————————————————
————————————————————
————————————————————
————————————————————
————————————————————
————————————————————

Why I love my Dog:

————————————————————
————————————————————
————————————————————
————————————————————
————————————————————
————————————————————
————————————————————
————————————————————
————————————————————
————————————————————
————————————————————

Date: _____

Who pissed me off today:

_____
_____
_____
_____
_____
_____
_____
_____
_____
_____

Why I love my Dog:

_____
_____
_____
_____
_____
_____
_____
_____
_____
_____
_____

Date: —————————————

Who pissed me off today:

———————————————————————————————
———————————————————————————————
———————————————————————————————
———————————————————————————————
———————————————————————————————
———————————————————————————————
———————————————————————————————
———————————————————————————————
———————————————————————————————

Why I love my Dog:

———————————————————————————————
———————————————————————————————
———————————————————————————————
———————————————————————————————
———————————————————————————————
———————————————————————————————
———————————————————————————————
———————————————————————————————
———————————————————————————————

Date: _____

Who pissed me off today:

_____

_____

_____

_____

_____

_____

_____

_____

_____

Why I love my Dog:

_____

_____

_____

_____

_____

_____

_____

_____

_____

_____

Date: _____

Who pissed me off today:

_____
_____
_____
_____
_____
_____
_____
_____
_____
_____
_____
_____

Why I love my Dog:

_____
_____
_____
_____
_____
_____
_____
_____
_____
_____
_____
_____

Date: _____

Who pissed me off today:

_____
_____
_____
_____
_____
_____
_____
_____
_____

Why I love my Dog:

_____
_____
_____
_____
_____
_____
_____
_____
_____
_____

Date: ———————————

Who pissed me off today:

_____
_____
_____
_____
_____
_____
_____
_____
_____
_____
_____

Why I love my Dog:

_____
_____
_____
_____
_____
_____
_____
_____
_____
_____
_____
_____

Date: ————————

Who pissed me off today:

_____
_____
_____
_____
_____
_____
_____
_____
_____

Why I love my Dog:

_____
_____
_____
_____
_____
_____
_____
_____
_____
_____

Date: ———————

Who pissed me off today:

_____
_____
_____
_____
_____
_____
_____
_____
_____
_____

Why I love my Dog:

_____
_____
_____
_____
_____
_____
_____
_____
_____
_____
_____
_____

Date: _____

Who pissed me off today:

_____
_____
_____
_____
_____
_____
_____
_____
_____

Why I love my Dog:

_____
_____
_____
_____
_____
_____
_____
_____
_____
_____
_____

Date: _____

Who pissed me off today:

_____
_____
_____
_____
_____
_____
_____
_____
_____
_____

Why I love my Dog:

_____
_____
_____
_____
_____
_____
_____
_____
_____
_____

Date: —————————

Who pissed me off today:

_____
_____
_____
_____
_____
_____
_____
_____
_____
_____

Why I love my Dog:

_____
_____
_____
_____
_____
_____
_____
_____
_____

Date: ————————

Who pissed me off today:

_____
_____
_____
_____
_____
_____
_____
_____
_____
_____
_____

Why I love my Dog:

_____
_____
_____
_____
_____
_____
_____
_____
_____
_____
_____
_____
_____

Date: ———————————

Who pissed me off today:

———————————————————————
———————————————————————
———————————————————————
———————————————————————
———————————————————————
———————————————————————
———————————————————————
———————————————————————
———————————————————————
———————————————————————

Why I love my Dog:

———————————————————————
———————————————————————
———————————————————————
———————————————————————
———————————————————————
———————————————————————
———————————————————————
———————————————————————
———————————————————————
———————————————————————

Date: ―――――――――

Who pissed me off today:

―――――――――――――――――――――――――――――――――
―――――――――――――――――――――――――――――――――
―――――――――――――――――――――――――――――――――
―――――――――――――――――――――――――――――――――
―――――――――――――――――――――――――――――――――
―――――――――――――――――――――――――――――――――
―――――――――――――――――――――――――――――――――
―――――――――――――――――――――――――――――――――
―――――――――――――――――――――――――――――――――

Why I love my Dog:

―――――――――――――――――――――――――――――――――
―――――――――――――――――――――――――――――――――
―――――――――――――――――――――――――――――――――
―――――――――――――――――――――――――――――――――
―――――――――――――――――――――――――――――――――
―――――――――――――――――――――――――――――――――
―――――――――――――――――――――――――――――――――
―――――――――――――――――――――――――――――――――
―――――――――――――――――――――――――――――――――
―――――――――――――――――――――――――――――――――
―――――――――――――――――――――――――――――――――

Date: —————————

Who pissed me off today:

—————————————————————————
—————————————————————————
—————————————————————————
—————————————————————————
—————————————————————————
—————————————————————————
—————————————————————————
—————————————————————————
—————————————————————————
—————————————————————————

Why I love my Dog:

—————————————————————————
—————————————————————————
—————————————————————————
—————————————————————————
—————————————————————————
—————————————————————————
—————————————————————————
—————————————————————————
—————————————————————————
—————————————————————————
—————————————————————————

Date: _____

Who pissed me off today:

_____
_____
_____
_____
_____
_____
_____
_____
_____
_____
_____

Why I love my Dog:

_____
_____
_____
_____
_____
_____
_____
_____
_____
_____
_____
_____

Date:———————————

Who pissed me off today:

_____
_____
_____
_____
_____
_____
_____
_____
_____
_____

Why I love my Dog:

_____
_____
_____
_____
_____
_____
_____
_____
_____
_____

Date: ———————————

Who pissed me off today:

———————————————————————————————
———————————————————————————————
———————————————————————————————
———————————————————————————————
———————————————————————————————
———————————————————————————————
———————————————————————————————
———————————————————————————————
———————————————————————————————
———————————————————————————————

Why I love my Dog:

———————————————————————————————
———————————————————————————————
———————————————————————————————
———————————————————————————————
———————————————————————————————
———————————————————————————————
———————————————————————————————
———————————————————————————————
———————————————————————————————
———————————————————————————————
———————————————————————————————
———————————————————————————————

Date: —————————

Who pissed me off today:

_____

_____

_____

_____

_____

_____

_____

_____

_____

_____

Why I love my Dog:

_____

_____

_____

_____

_____

_____

_____

_____

_____

_____

_____

Date: —————————

Who pissed me off today:

_____
_____
_____
_____
_____
_____
_____
_____
_____
_____

Why I love my Dog:

_____
_____
_____
_____
_____
_____
_____
_____
_____
_____
_____

Date: _____

Who pissed me off today:

_____
_____
_____
_____
_____
_____
_____
_____
_____

Why I love my Dog:

_____
_____
_____
_____
_____
_____
_____
_____
_____
_____
_____

Date: _____

Who pissed me off today:

_____
_____
_____
_____
_____
_____
_____
_____
_____
_____

Why I love my Dog:

_____
_____
_____
_____
_____
_____
_____
_____
_____
_____

Date: —————————

Who pissed me off today:

_____
_____
_____
_____
_____
_____
_____
_____
_____
_____

Why I love my Dog:

_____
_____
_____
_____
_____
_____
_____
_____
_____
_____
_____
_____

Date: ———————————

Who pissed me off today:

_____
_____
_____
_____
_____
_____
_____
_____
_____
_____

Why I love my Dog:

_____
_____
_____
_____
_____
_____
_____
_____
_____
_____
_____
_____

Date: ————————

Who pissed me off today:

_____

_____

_____

_____

_____

_____

_____

_____

_____

Why I love my Dog:

_____

_____

_____

_____

_____

_____

_____

_____

_____

_____

Date: ————————

Who pissed me off today:

_____
_____
_____
_____
_____
_____
_____
_____
_____
_____

Why I love my Dog:

_____
_____
_____
_____
_____
_____
_____
_____
_____
_____
_____
_____

Date: _____

Who pissed me off today:

_____
_____
_____
_____
_____
_____
_____
_____
_____
_____

Why I love my Dog:

_____
_____
_____
_____
_____
_____
_____
_____
_____
_____
_____

Date: _____

Who pissed me off today:

_____
_____
_____
_____
_____
_____
_____
_____
_____
_____
_____
_____

Why I love my Dog:

_____
_____
_____
_____
_____
_____
_____
_____
_____
_____
_____
_____
_____

Date: —————————

Who pissed me off today:

_____
_____
_____
_____
_____
_____
_____
_____
_____
_____

Why I love my Dog:

_____
_____
_____
_____
_____
_____
_____
_____
_____
_____
_____

Date: ——————————

Who pissed me off today:

_____

_____

_____

_____

_____

_____

_____

_____

_____

_____

_____

Why I love my Dog:

_____

_____

_____

_____

_____

_____

_____

_____

_____

_____

_____

Date: ——————————

Who pissed me off today:

_____

_____

_____

_____

_____

_____

_____

_____

_____

_____

Why I love my Dog:

_____

_____

_____

_____

_____

_____

_____

_____

_____

_____

_____

Date: ———————————

Who pissed me off today:

_____
_____
_____
_____
_____
_____
_____
_____
_____
_____
_____

Why I love my Dog:

_____
_____
_____
_____
_____
_____
_____
_____
_____
_____
_____
_____

Date: ————————

Who pissed me off today:

————————————————————————
————————————————————————
————————————————————————
————————————————————————
————————————————————————
————————————————————————
————————————————————————
————————————————————————
————————————————————————
————————————————————————

Why I love my Dog:

————————————————————————
————————————————————————
————————————————————————
————————————————————————
————————————————————————
————————————————————————
————————————————————————
————————————————————————
————————————————————————
————————————————————————

Date: —————————

Who pissed me off today:

_____
_____
_____
_____
_____
_____
_____
_____
_____
_____
_____

Why I love my Dog:

_____
_____
_____
_____
_____
_____
_____
_____
_____
_____
_____

Date: ——————————

Who pissed me off today:

——————————————————————
——————————————————————
——————————————————————
——————————————————————
——————————————————————
——————————————————————
——————————————————————
——————————————————————
——————————————————————
——————————————————————

Why I love my Dog:

——————————————————————
——————————————————————
——————————————————————
——————————————————————
——————————————————————
——————————————————————
——————————————————————
——————————————————————
——————————————————————
——————————————————————
——————————————————————

Date: _____

Who pissed me off today:

_____
_____
_____
_____
_____
_____
_____
_____
_____
_____

Why I love my Dog:

_____
_____
_____
_____
_____
_____
_____
_____
_____
_____

Date: —————————

Who pissed me off today:

_____
_____
_____
_____
_____
_____
_____
_____
_____
_____

Why I love my Dog:

_____
_____
_____
_____
_____
_____
_____
_____
_____
_____
_____
_____
_____

Date: —————————

Who pissed me off today:

_____
_____
_____
_____
_____
_____
_____
_____
_____
_____
_____

Why I love my Dog:

_____
_____
_____
_____
_____
_____
_____
_____
_____
_____
_____
_____
_____
_____

Date: ───────────

Who pissed me off today:

───────────────────────────────
───────────────────────────────
───────────────────────────────
───────────────────────────────
───────────────────────────────
───────────────────────────────
───────────────────────────────
───────────────────────────────
───────────────────────────────

Why I love my Dog:

───────────────────────────────
───────────────────────────────
───────────────────────────────
───────────────────────────────
───────────────────────────────
───────────────────────────────
───────────────────────────────
───────────────────────────────
───────────────────────────────
───────────────────────────────
───────────────────────────────

Date:———————

Who pissed me off today:

_____
_____
_____
_____
_____
_____
_____
_____
_____
_____
_____

Why I love my Dog:

_____
_____
_____
_____
_____
_____
_____
_____
_____
_____
_____

Date: —————————

Who pissed me off today:

_____
_____
_____
_____
_____
_____
_____
_____
_____
_____

Why I love my Dog:

_____
_____
_____
_____
_____
_____
_____
_____
_____
_____
_____

Date: —————————————

Who pissed me off today:

_____
_____
_____
_____
_____
_____
_____
_____
_____
_____
_____

Why I love my Dog:

_____
_____
_____
_____
_____
_____
_____
_____
_____
_____

Date:—————————

Who pissed me off today:

_____

_____

_____

_____

_____

_____

_____

_____

_____

_____

Why I love my Dog:

_____

_____

_____

_____

_____

_____

_____

_____

_____

_____

Date:———————————

Who pissed me off today:

_____
_____
_____
_____
_____
_____
_____
_____
_____
_____

Why I love my Dog:

_____
_____
_____
_____
_____
_____
_____
_____
_____
_____
_____
_____

Date: ———————

Who pissed me off today:

_____

_____

_____

_____

_____

_____

_____

_____

_____

Why I love my Dog:

_____

_____

_____

_____

_____

_____

_____

_____

_____

_____

Date: _____

Who pissed me off today:

_____
_____
_____
_____
_____
_____
_____
_____
_____
_____
_____
_____
_____

Why I love my Dog:

_____
_____
_____
_____
_____
_____
_____
_____
_____
_____
_____
_____

Date: _____

Who pissed me off today:

_____
_____
_____
_____
_____
_____
_____
_____
_____

Why I love my Dog:

_____
_____
_____
_____
_____
_____
_____
_____
_____
_____
_____

Date: _____

Who pissed me off today:

_____
_____
_____
_____
_____
_____
_____
_____
_____
_____
_____
_____

Why I love my Dog:

_____
_____
_____
_____
_____
_____
_____
_____
_____
_____
_____
_____
_____

Date: _____

Who pissed me off today:

_____

_____

_____

_____

_____

_____

_____

_____

_____

_____

Why I love my Dog:

_____

_____

_____

_____

_____

_____

_____

_____

_____

_____

Date: _____

Who pissed me off today:

_____
_____
_____
_____
_____
_____
_____
_____
_____
_____

Why I love my Dog:

_____
_____
_____
_____
_____
_____
_____
_____
_____
_____
_____
_____
_____
_____

Date: _____

Who pissed me off today:

_____
_____
_____
_____
_____
_____
_____
_____
_____
_____

Why I love my Dog:

_____
_____
_____
_____
_____
_____
_____
_____
_____
_____
_____

Date: _____

Who pissed me off today:

_____
_____
_____
_____
_____
_____
_____
_____
_____
_____
_____

Why I love my Dog:

_____
_____
_____
_____
_____
_____
_____
_____
_____
_____

Date: ————————

Who pissed me off today:

_____

_____

_____

_____

_____

_____

_____

_____

_____

Why I love my Dog:

_____

_____

_____

_____

_____

_____

_____

_____

_____

_____

_____

Date: ———————————

Who pissed me off today:

_____
_____
_____
_____
_____
_____
_____
_____
_____
_____
_____

Why I love my Dog:

_____
_____
_____
_____
_____
_____
_____
_____
_____
_____
_____
_____
_____

Date: ―――――――――

Who pissed me off today:

―――――――――――――――――――――――――――
―――――――――――――――――――――――――――
―――――――――――――――――――――――――――
―――――――――――――――――――――――――――
―――――――――――――――――――――――――――
―――――――――――――――――――――――――――
―――――――――――――――――――――――――――
―――――――――――――――――――――――――――
―――――――――――――――――――――――――――
―――――――――――――――――――――――――――

Why I love my Dog:

―――――――――――――――――――――――――――
―――――――――――――――――――――――――――
―――――――――――――――――――――――――――
―――――――――――――――――――――――――――
―――――――――――――――――――――――――――
―――――――――――――――――――――――――――
―――――――――――――――――――――――――――
―――――――――――――――――――――――――――
―――――――――――――――――――――――――――
―――――――――――――――――――――――――――
―――――――――――――――――――――――――――

Date: ———————

Who pissed me off today:

_____
_____
_____
_____
_____
_____
_____
_____
_____

Why I love my Dog:

_____
_____
_____
_____
_____
_____
_____
_____
_____
_____
_____

Date: _____

Who pissed me off today:

_____

_____

_____

_____

_____

_____

_____

_____

_____

_____

Why I love my Dog:

_____

_____

_____

_____

_____

_____

_____

_____

_____

_____

_____

ate: —————————

Who pissed me off today:

_____
_____
_____
_____
_____
_____
_____
_____
_____
_____
_____

Why I love my Dog:

_____
_____
_____
_____
_____
_____
_____
_____
_____
_____
_____
_____
_____

Date: —————————

Who pissed me off today:

_____
_____
_____
_____
_____
_____
_____
_____
_____
_____

Why I love my Dog:

_____
_____
_____
_____
_____
_____
_____
_____
_____
_____

Date: _____

Who pissed me off today:

_____
_____
_____
_____
_____
_____
_____
_____
_____
_____
_____

Why I love my Dog:

_____
_____
_____
_____
_____
_____
_____
_____
_____
_____
_____
_____

Date:—————————

Who pissed me off today:

_____

_____

_____

_____

_____

_____

_____

_____

_____

Why I love my Dog:

_____

_____

_____

_____

_____

_____

_____

_____

_____

Date:————————————

Who pissed me off today:

————————————————————————————
————————————————————————————
————————————————————————————
————————————————————————————
————————————————————————————
————————————————————————————
————————————————————————————
————————————————————————————
————————————————————————————
————————————————————————————

Why I love my Dog:

————————————————————————————
————————————————————————————
————————————————————————————
————————————————————————————
————————————————————————————
————————————————————————————
————————————————————————————
————————————————————————————
————————————————————————————
————————————————————————————
————————————————————————————
————————————————————————————

Date: _____

Who pissed me off today:

_____
_____
_____
_____
_____
_____
_____
_____
_____
_____

Why I love my Dog:

_____
_____
_____
_____
_____
_____
_____
_____
_____
_____
_____

ate:_____

Who pissed me off today:

_____
_____
_____
_____
_____
_____
_____
_____
_____
_____
_____
_____

Why I love my Dog:

_____
_____
_____
_____
_____
_____
_____
_____
_____
_____
_____
_____

Date: _____

Who pissed me off today:

_____
_____
_____
_____
_____
_____
_____
_____
_____
_____

Why I love my Dog:

_____
_____
_____
_____
_____
_____
_____
_____
_____
_____
_____

Date: _____

Who pissed me off today:

_____
_____
_____
_____
_____
_____
_____
_____
_____
_____

Why I love my Dog:

_____
_____
_____
_____
_____
_____
_____
_____
_____
_____
_____

Date: _____

Who pissed me off today:

_____
_____
_____
_____
_____
_____
_____
_____
_____

Why I love my Dog:

_____
_____
_____
_____
_____
_____
_____
_____
_____

Date:———————————

Who pissed me off today:

_____
_____
_____
_____
_____
_____
_____
_____
_____
_____
_____

Why I love my Dog:

_____
_____
_____
_____
_____
_____
_____
_____
_____
_____
_____
_____

Date: _____

Who pissed me off today:

_____

_____

_____

_____

_____

_____

_____

_____

_____

_____

Why I love my Dog:

_____

_____

_____

_____

_____

_____

_____

_____

_____

_____

_____

Date: _____

Who pissed me off today:

_____
_____
_____
_____
_____
_____
_____
_____
_____
_____
_____

Why I love my Dog:

_____
_____
_____
_____
_____
_____
_____
_____
_____
_____
_____

Date: _____

Who pissed me off today:

_____
_____
_____
_____
_____
_____
_____
_____
_____
_____

Why I love my Dog:

_____
_____
_____
_____
_____
_____
_____
_____
_____
_____
_____

Date:———————————

Who pissed me off today:

_____
_____
_____
_____
_____
_____
_____
_____
_____
_____
_____
_____

Why I love my Dog:

_____
_____
_____
_____
_____
_____
_____
_____
_____
_____
_____
_____
_____

Date: —————————

Who pissed me off today:

———————————————————
———————————————————
———————————————————
———————————————————
———————————————————
———————————————————
———————————————————
———————————————————
———————————————————
———————————————————

Why I love my Dog:

———————————————————
———————————————————
———————————————————
———————————————————
———————————————————
———————————————————
———————————————————
———————————————————
———————————————————
———————————————————

Date: _____

Who pissed me off today:

_____
_____
_____
_____
_____
_____
_____
_____
_____
_____

Why I love my Dog:

_____
_____
_____
_____
_____
_____
_____
_____
_____
_____
_____
_____
_____
_____

Date: —————— —————

Who pissed me off today:

———————————————————————————
———————————————————————————
———————————————————————————
———————————————————————————
———————————————————————————
———————————————————————————
———————————————————————————
———————————————————————————
———————————————————————————
———————————————————————————

Why I love my Dog:

———————————————————————————
———————————————————————————
———————————————————————————
———————————————————————————
———————————————————————————
———————————————————————————
———————————————————————————
———————————————————————————
———————————————————————————
———————————————————————————
———————————————————————————

Date: _____

Who pissed me off today:
_____
_____
_____
_____
_____
_____
_____
_____
_____
_____

Why I love my Dog:
_____
_____
_____
_____
_____
_____
_____
_____
_____
_____
_____

Date:———————

Who pissed me off today:

_____
_____
_____
_____
_____
_____
_____
_____
_____

Why I love my Dog:

_____
_____
_____
_____
_____
_____
_____
_____
_____

Happily created by
Struppig Creations. All rights reserved.

Made in the USA
Las Vegas, NV
17 April 2025